Christina Rose

A Árvore da Vida

Um Livro de Colorir Antiestresse para Todas as Idades

Tradução
Denise de Carvalho Rocha

Editora
Pensamento
SÃO PAULO

CB028760

Título original: Dream Catcher: the tree of life.
Copyright © 2015 Bell & Mackenzie Publishing Limited.
Copyright da edição brasileira © 2015 Editora Pensamento-Cultrix Ltda.
Publicado mediante acordo com Bell & Mackenzie Publishing Ltda.

Texto de acordo com as novas regras ortográficas da língua portuguesa.

1ª edição 2015.

Criado por: Christina Rose

Colaboradores: Letitia Clouden, Irina Vaneevas/shutterstock, tets/shutterstock, Marishkayu/shutterstock, SSSCCC/shutterstock, liskus/shutterstock, Julia Snegireva/shutterstock, Seamartini Graphics/shutterstock, Denis Br/shutterstock, katywe4ka1212/shutterstock, Fears/shutterstock, Fandorina Liza/shutterstock, Morphart Creation/shutterstock, Miro art studio/shutterstock, Oksana Usenko/shutterstock, Zelena/shutterstock, Olga Drozdova/shutterstock, natsa/shutterstock, Valashko Maryia/shutterstock, Incomible/shutterstock

Editor: Adilson Silva Ramachandra
Editora de texto: Denise de Carvalho Rocha
Gerente editorial: Roseli de S. Ferraz
Produção editorial: Indiara Faria Kayo
Assistente de produção editorial: Brenda Narciso
Editoração eletrônica: Join Bureau
Revisão: Vivian Miwa Matsushita

Dados Internacionais de Catalogação na Publicação (CIP)
(Câmara Brasileira do Livro, SP, Brasil)

Rose, Christina
    A árvore da vida : um livro de colorir antiestresse para todas as idades / Christina Rose; tradução Denise de Carvalho Rocha. – São Paulo : Pensamento, 2015.

    Título original: Dream catcher : the tree of life.
    ISBN 978-85-315-1915-4

    1. Artes – Uso terapêutico 2. Arteterapia 3. Livros para colorir I. Título.

15-03389   CDD-615.85156

Índices para catálogo sistemático:
1. Arteterapia   615.85156

Direitos de tradução para o Brasil adquiridos com exclusividade pela
EDITORA PENSAMENTO-CULTRIX LTDA., que se reserva a
propriedade literária desta tradução.
Rua Dr. Mário Vicente, 368 – 04270-000 – São Paulo – SP
Fone: (11) 2066-9000 – Fax: (11) 2066-9008
http://www.editorapensamento.com.br
E-mail: atendimento@editorapensamento.com.br
Foi feito o depósito legal.

Este livro pertence a

Todas as florestas são uma única floresta... Todas elas são ecos da primeira floresta que deu origem ao Mistério quando o mundo foi criado.

Charles de Lint

Toda a nossa sabedoria está armazenada nas árvores.

Santosh Kalwar

Uma nação que destrói seu solo destrói a si mesma. As florestas são o pulmão da nossa terra. Purificam o ar e dão força renovada ao nosso povo.

Franklin D. Roosevelt

Assim é a nossa vida que encontra outros idiomas nas árvores, livros nos riachos, sermões nas pedras e o bem em todas as coisas.

William Shakespeare

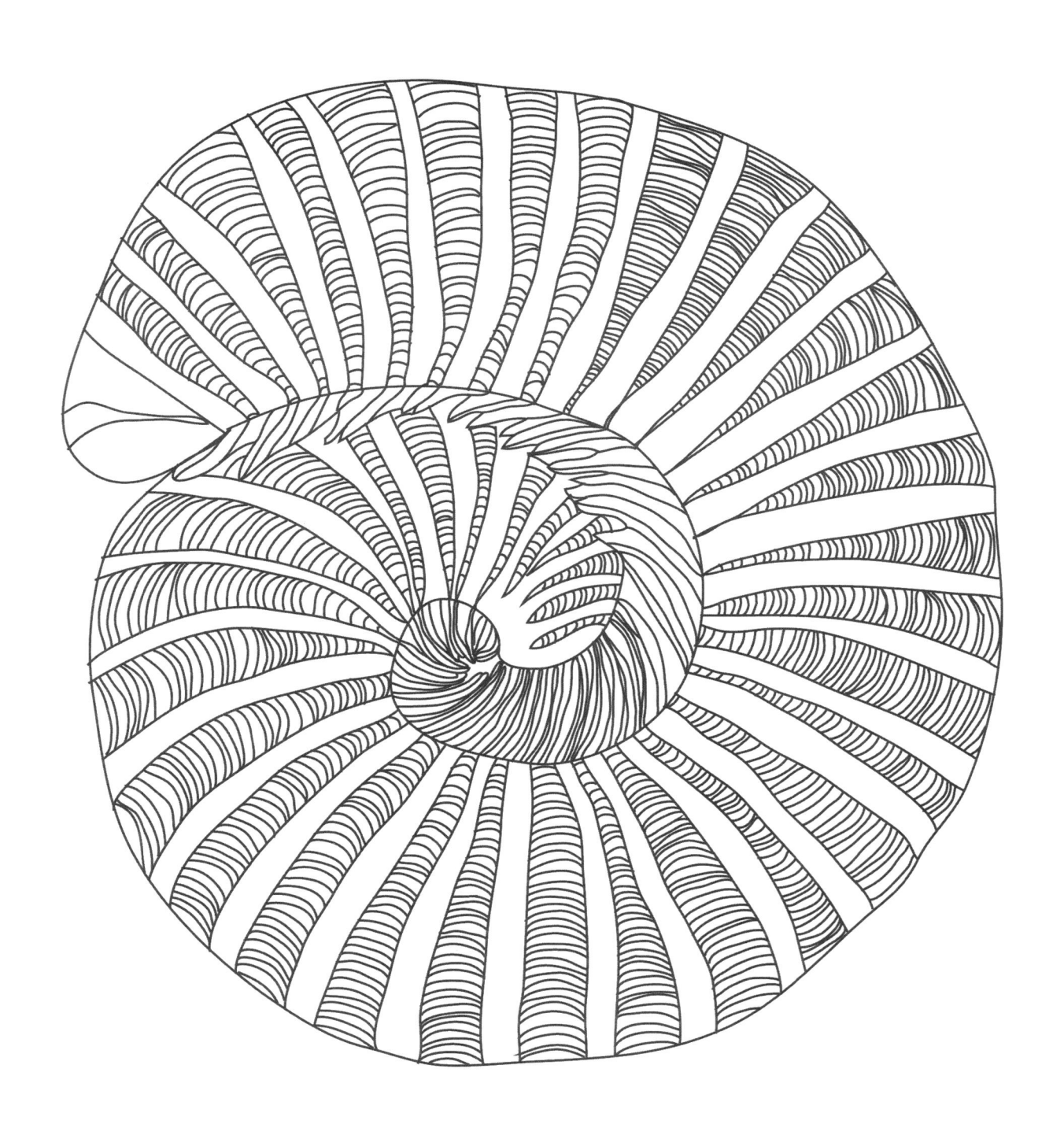

Aonde quer que você vá, não importa o clima, leve sempre com você seu próprio raio de sol.

Anthony J. D'Angelo

Um povo sem crianças enfrentaria um futuro sem esperança; um país sem árvores enfrentaria a mesma desesperança.

Theodore Roosevelt

Uma semente escondida no coração de uma maçã é um pomar invisível.

Provérbio Galês

Pois na verdadeira natureza das coisas, se pensarmos bem, toda árvore verde é muito mais gloriosa do que se fosse feita de ouro e prata.

Martinho Lutero

Grandes canções não nascem em árvores, no entanto muitas delas têm sido escritas sobre grandes árvores.

Benny Bellamacina

E chegou o dia em que o risco de permanecer encerrada dentro do botão se tornou mais doloroso do que o risco de florir.

Anaïs Nin

Terra e céu, bosques e campos, lagos e rios, a montanha e o mar são excelentes professores e ensinam a alguns de nós muito mais do que jamais poderíamos aprender nos livros.

John Lubbock

Eis que descubro a verdadeira natureza da árvore – não propriamente na robustez da sua forma, mas na forma como ela altera minha visão do mundo.

Stefanie Brook Trout

Aquele que planta uma árvore é um servo de Deus; faz um gesto de bondade a muitas gerações, e rostos que ele nunca verá o abençoarão.

Henry van Dyke

Até no inverno, um montinho de neve nos confins do mundo tem algo de especial.

Andy Goldsworthy

Aquele que planta uma árvore planta esperança.

Lucy Larcom

Quando estou entre as árvores, estou em casa.

J.R.R. Tolkien

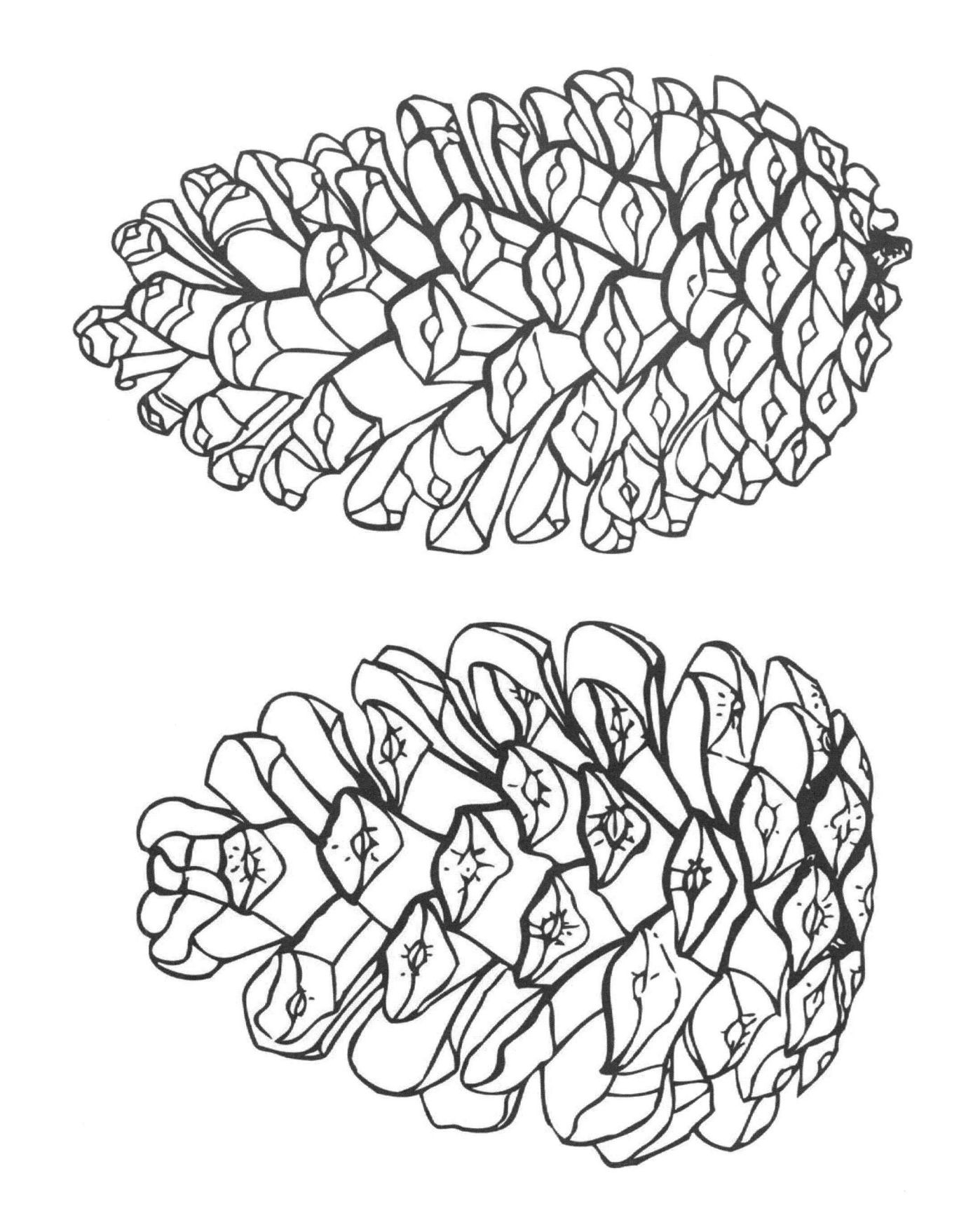

Você é filho do universo tanto quanto as árvores e as estrelas. Na confusão ruidosa da vida, cultive a paz na sua alma.

Max Ehrmann

Se eu fosse uma árvore, não teria nenhum motivo para amar a humanidade.

Maggie Stiefvater

Se somos árvores, as palavras são nossas raízes e crescemos quando escrevemos.

Munia Khan

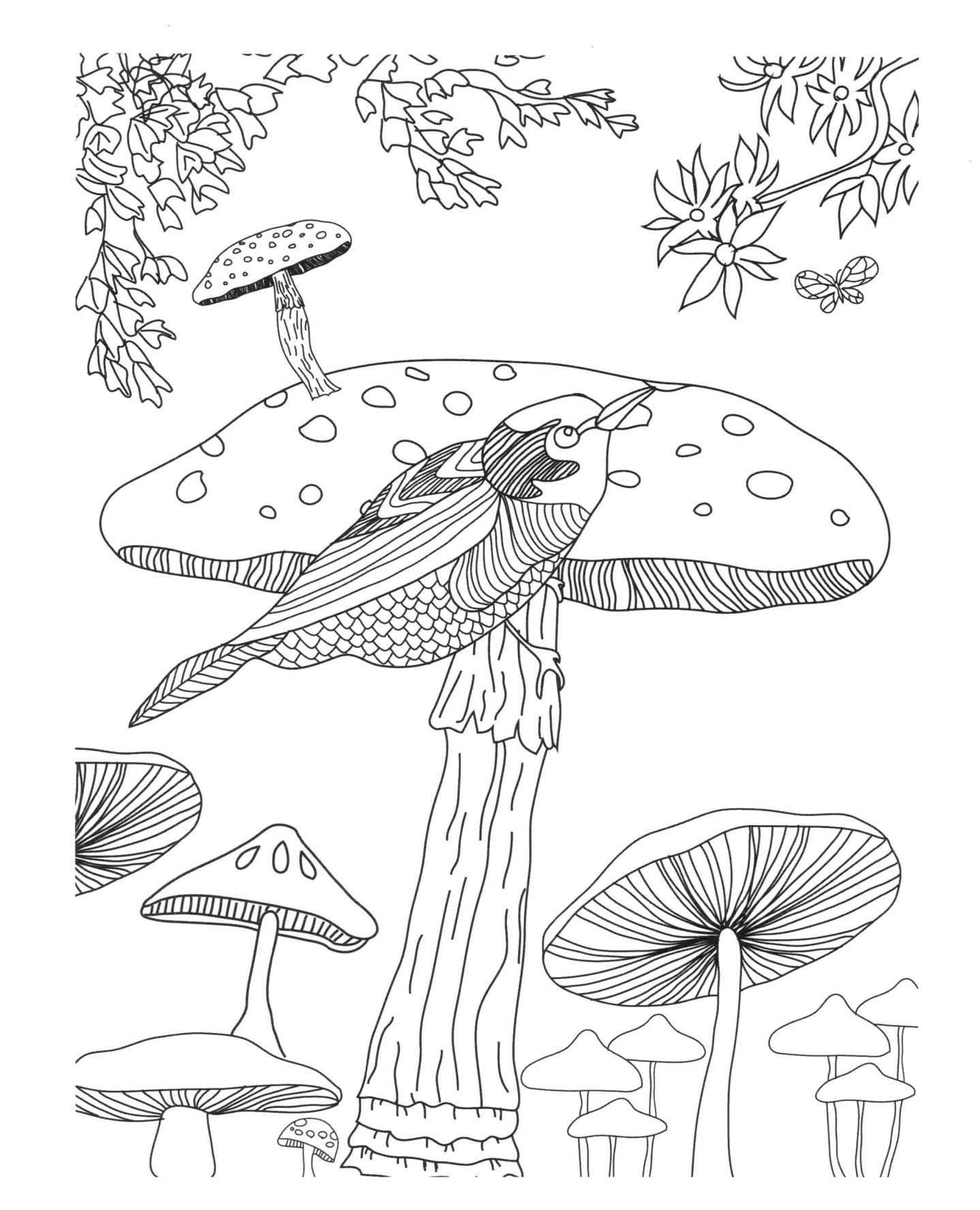

Se realmente quer comer, continue subindo. Os frutos estão no topo das árvores. Estenda as mãos e persista. O sucesso está no topo, continue seguindo em frente.

Israelmore Ayivor

Em todas as coisas da natureza existe algo de maravilhoso.

Aristóteles

Agradeço-te, Deus, por este dia maravilhoso, pelos espíritos verdes e saltitantes das árvores e pelo azul de sonho do céu; e por tudo aquilo que é natural, que é infinito, que é sim.

E.E. Cummings

Eu ouço centenas de anos de vida. Ouço vento e chuva e fogo e besouros. Ouço a vida das árvores de onde veio esta madeira. Ouço as estações mudando e os pássaros e os esquilos.

Garth Stein

Eu gosto de árvores porque elas parecem mais conformadas com o modo como têm de viver do que as outras coisas.

Willa Cather

A natureza sempre veste as cores do espírito.

Ralph Waldo Emerson

Estou plantando uma árvore para que me ensine a buscar força nas minhas raízes mais profundas.

Andrea Koehle Jones

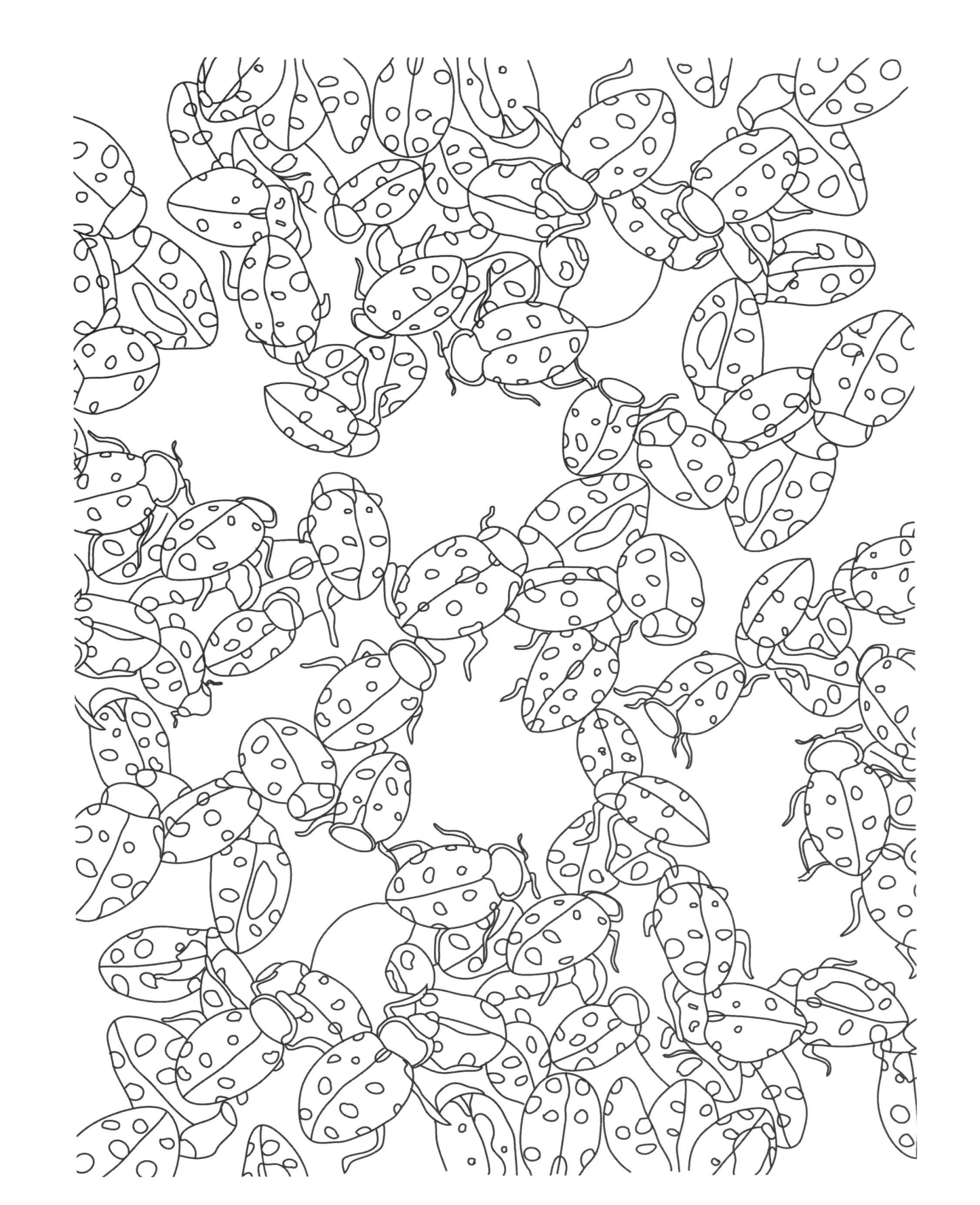

Não existem duas folhas iguais numa floresta de cem mil árvores. Assim como não existem duas viagens iguais no mesmo caminho.

Paulo Coelho

Uma das maiores tragédias que percebo na natureza humana é que todos tendemos a deixar a vida para depois. Estamos todos sonhando com algum mágico jardim de rosas no horizonte em vez de admirar as rosas que estão florescendo do lado de fora da nossa janela hoje.

Dale Carnegie

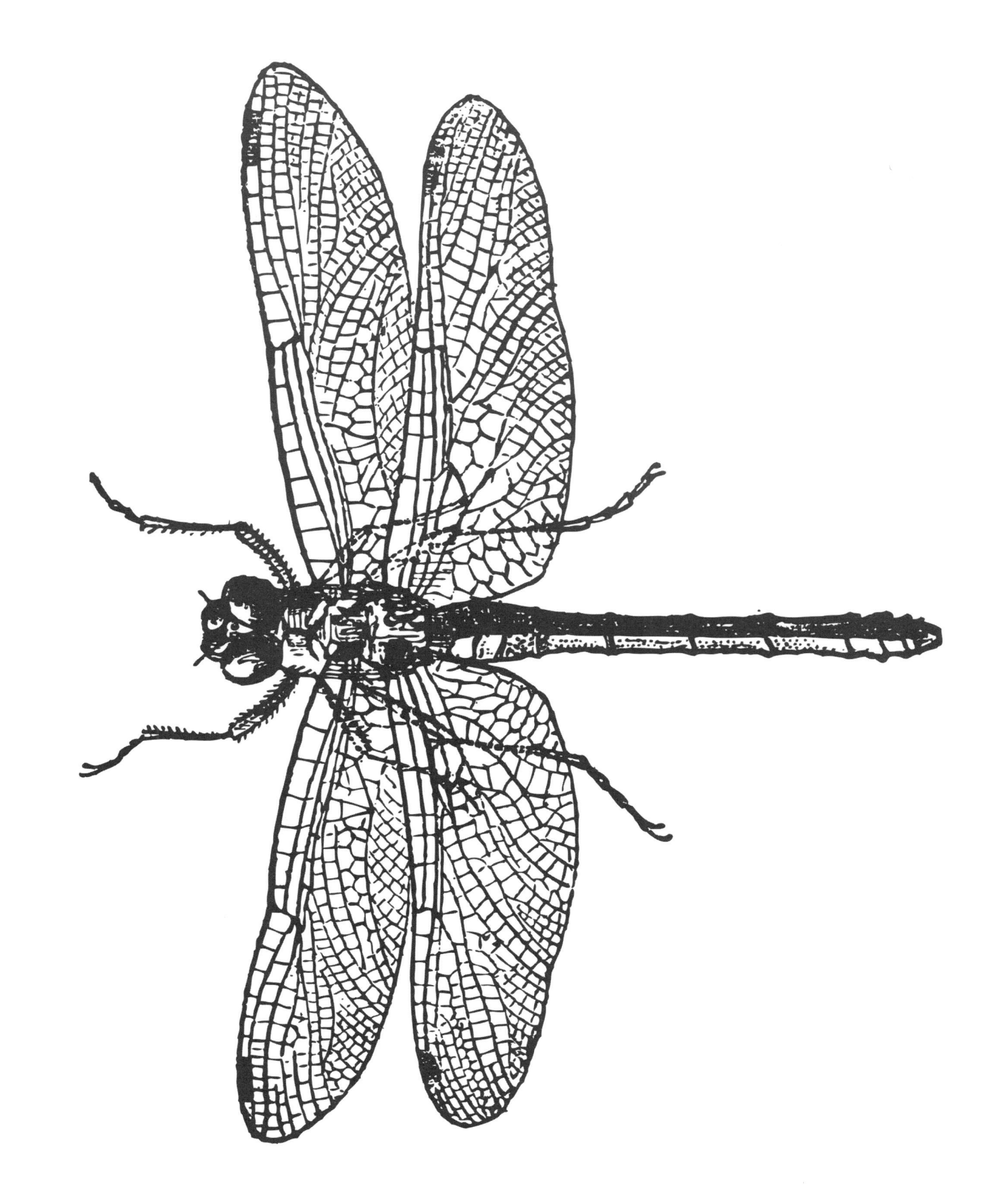

No inverno, as árvores são só galhos e ossos. Sem suas folhas, como são adoráveis, estendendo os braços como bailarinas. Ela sabem que é hora de ser natureza-morta.

Cynthia Rylant

À luz da manhã, eu me lembrei de quanto adorava o barulho do vento através das árvores. Eu me deitava e fechava os olhos e me sentia reconfortado pelo som de milhões de minúsculas folhas dançando numa manhã de verão.

Patrick Carman

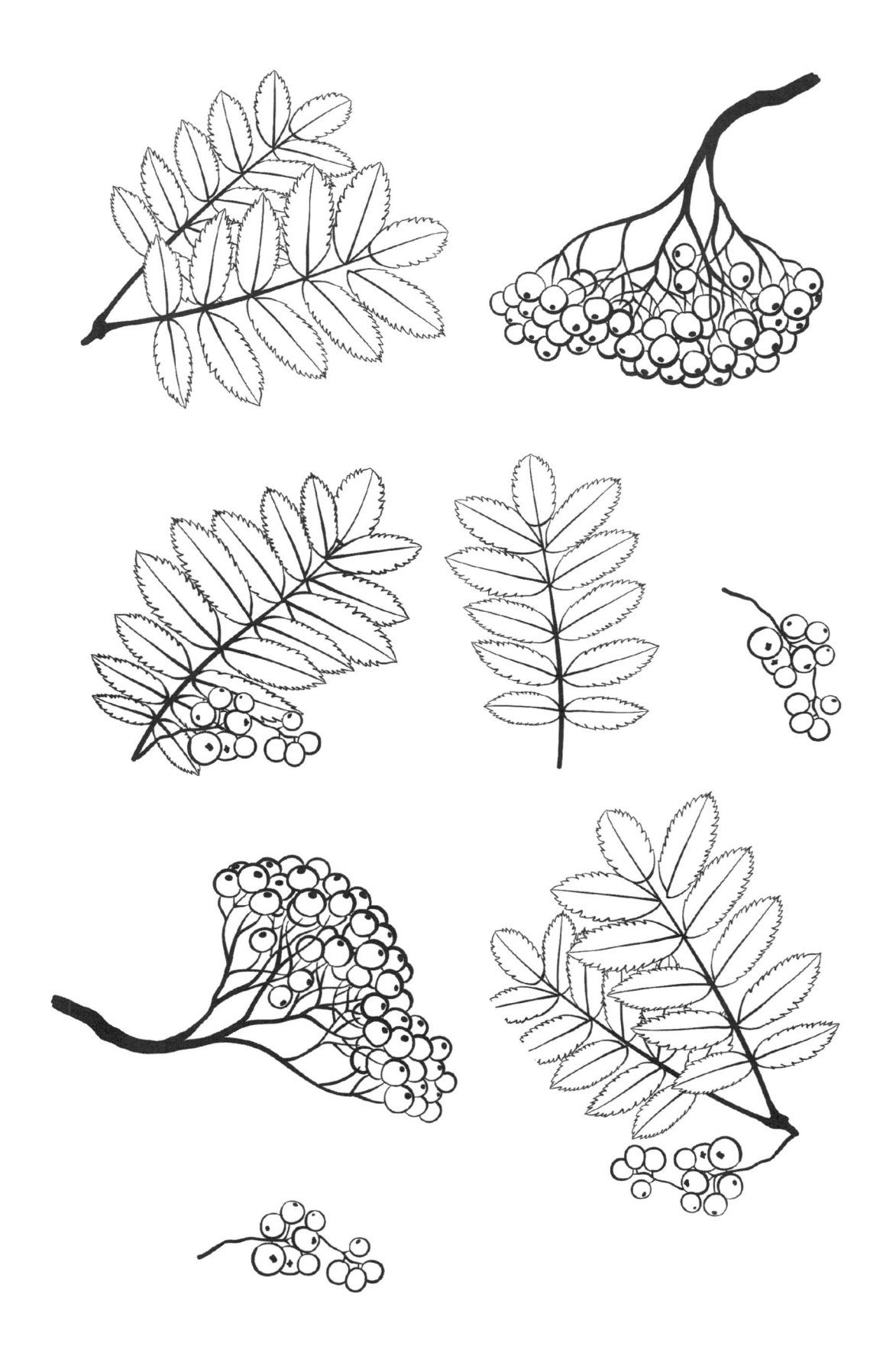

Acho que nunca vi um poema tão encantador quanto uma árvore.

Joyce Kilmer

A luz do sol é deliciosa, a chuva é refrescante, o vento nos sustenta, a neve é divertida; na verdade, não existe essa coisa de tempo ruim, só existem tipos diferentes de tempo bom.

John Ruskin

É difícil perceber quantas coisas boas e alegres nas reminiscências da nossa própria vida estão associadas às árvores.

Wilson Flaggcoe

A melhor coisa que se pode fazer quando está chovendo é deixar chover.

Henry Wadsworth Longfellow

"Ouça as árvores conversando durante o sono", ela sussurrou quando ele a levantou do chão. "Que sonhos lindos elas devem ter!"

L.M. Montgomery

As montanhas estão chamando e eu preciso ir.

John Muir

Árvores solitárias não são solitárias; elas têm companhias eternas: o canto dos pássaros, a sombra das nuvens, a luz da Lua, o sussurro do vento... Árvores solitárias não são solitárias!

Mehmet Murat Ildan

Ame as árvores até que suas folhas caiam. Então incentive-as a tentar outra vez no ano seguinte.

Chad Sugg

Sempre existem flores para aqueles que querem vê-las.

Henri Matisse

Só as árvores, só as árvores. Como uma chave, elas veem além do mistério, aguardando pacientemente, sempre me sustentando enquanto eu sustento o céu.

Stasia Bliss

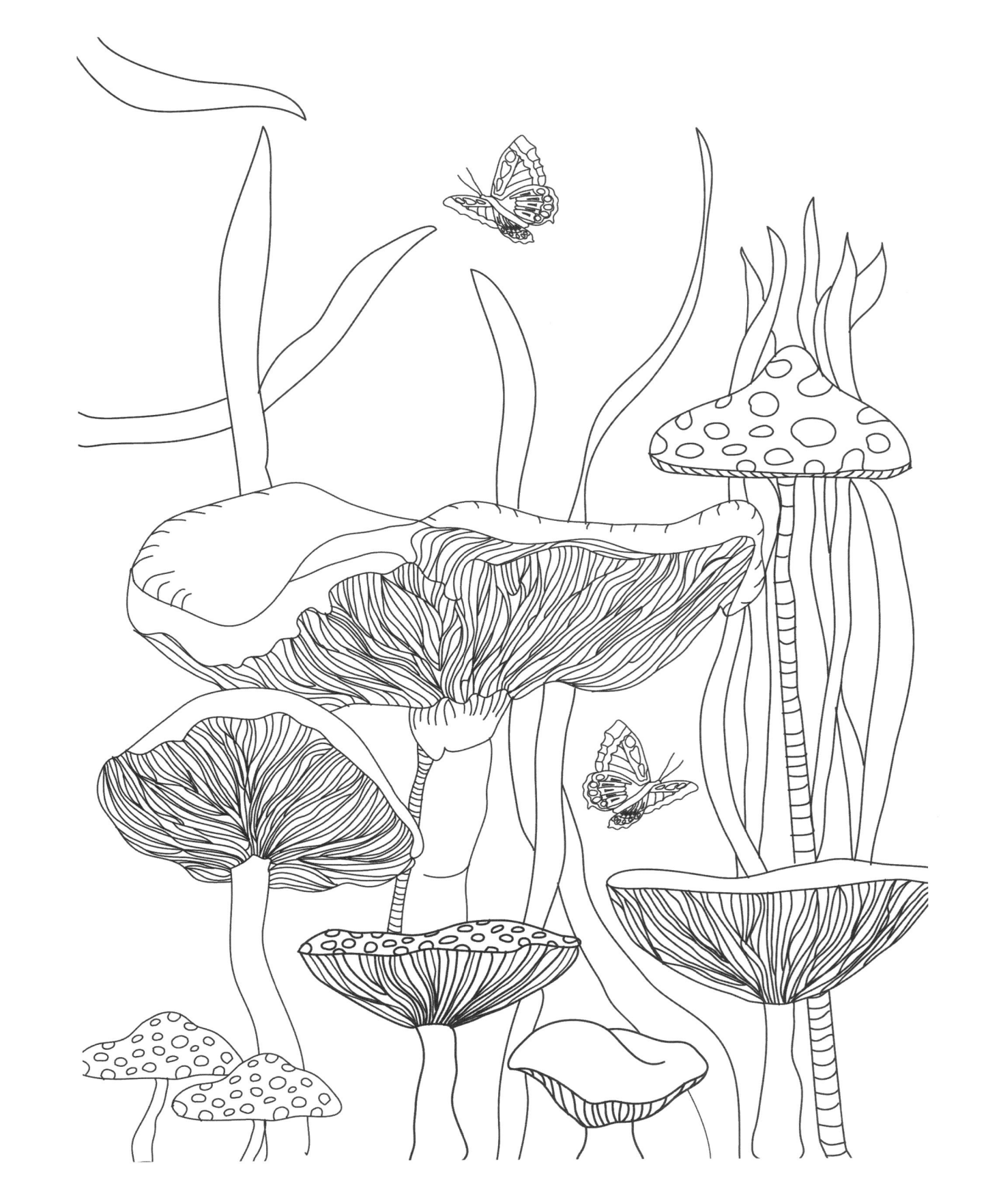

Descanso não é ócio e deitar às vezes na grama embaixo de uma árvore num dia de verão, ouvindo o murmúrio da água ou observando as nuvens flutuando no céu, não é de modo algum perda de tempo.

John Lubbock

Há um prazer nos bosques inexplorados, há êxtase na costa solitária, há sociedade onde ninguém invade, perto do mar profundo, e música em seu bramir; não que eu ame menos o Homem, mas amo mais a Natureza.

Lorde Byron

Ela estava sentada no jardim mais lindo que a sua irrefreável imaginação poderia conceber, e ouvindo das árvores uma serenata.

Lynn Kurland

O melhor momento para plantar uma árvore ocorreu vinte anos atrás. O segundo melhor momento é agora.

Provérbio Chinês

Os bosques são adoráveis, escuros e profundos. Mas eu tenho promessas a cumprir e quilômetros a percorrer antes de dormir.

Robert Frost

Os galhos das árvores parecem que estão com as mãos unidas e a cabeça abaixada em oração.

Ishmael Beah

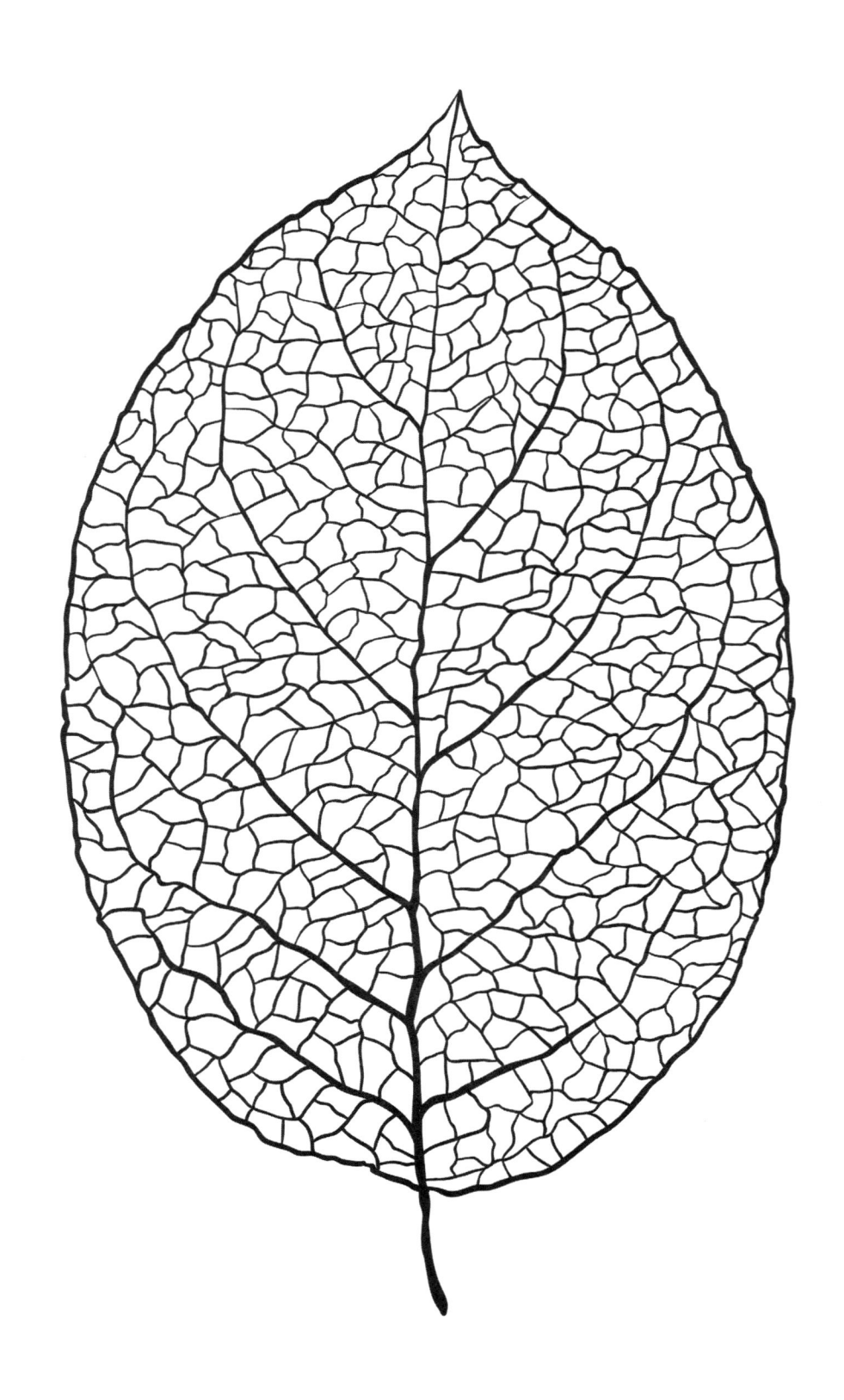

O caminho mais aberto para o Universo passa por uma floresta virgem.

John Muir